DISCOURS D'OUVERTURE

PRONONCÉ

A L'ATHÉNÉE ROYAL DE PARIS.

DISCOURS

PRONONCÉ

A L'ATHÉNÉE ROYAL DE PARIS,

PAR A. BUTTURA,

PROFESSEUR DE LITTÉRATURE ITALIENNE;

Le 6 Mars 1819.

A PARIS,

DE L'IMPRIMERIE DE FIRMIN DIDOT,

IMPRIMEUR DU ROI, ET DE L'INSTITUT,

RUE JACOB, N° 24.

~~~~~~~~~

1819.

*Quelques idées sur les principes du goût.
—Tableau rapide de la littérature Italienne, à laquelle ces principes doivent être appliqués.*

MESSIEURS,

Le péril et les entreprises hardies font faire des vœux. La crainte que mes moyens, continuellement affaiblis par des revers et des malheurs, ne pussent répondre au desir de mériter vos suffrages et à la confiance dont vous m'avez honoré, me fit entreprendre un pélerinage. Il s'agissait de littérature : je suis allé visiter le temple du goût, le séjour de Voltaire à Ferney. Sur l'urne qui renferma le cœur de ce grand homme, on lit l'inscription suivante :

Son esprit est partout, et son cœur est ici.

Des voyageurs l'admiraient et la comblaient d'éloges ; je la trouvais détestable et gardais le silence. Je me disais cependant à moi-même : Quoi! dans ce temple du goût, il n'y a d'écrit

I.

qu'un seul vers, et il serait de mauvais goût? Est-ce que le goût n'a pas ces lois éternelles, indépendantes de la mode et du caprice des hommes? N'y aurait-il pas une idée mère, seul principe de toutes ses lois? Ce vers ne pourrait-il être pour moi comme la pomme qui, tombant devant les pieds de Newton, lui révéla, dans l'attraction, la première loi de la nature? Cela me fit rêver un peu, et voici le résultat de mes méditations.

Le but des sciences est de découvrir la vérité; le but des arts, de l'embellir. *Vérité et beauté*, voilà donc les deux lois suprêmes. Il est des objets qui nous affectent agréablement par leur étendue, indépendamment de toute beauté : la vue d'une plaine immense, d'une chaîne de montagnes élevées, de l'Océan, et du ciel. Ainsi à la vérité et à la beauté, j'ajouterai la *grandeur* : elle n'est pas une loi indispensable comme les deux autres; c'est un moyen de plus pour plaire; c'est le moyen le plus sûr pour frapper fortement; c'est la source du sublime dans les écrits. La beauté, ni la grandeur, n'existe point sans la vérité : la vérité, réunie à l'une de ces deux qualités, satisfera le bon goût : remplir ces trois conditions, *vérité, beauté, grandeur*, c'est atteindre la hauteur de l'art.

S'agit-il de présenter une vérité morale par
des fictions ou des images , de comparer , en
un mot , le monde physique au moral ; l'art
consiste à trouver le rapport parfait de l'idée
morale avec l'idée physique. Ce que je dis, au
physique, de l'étendue, on le dira , au moral ,
de la force et de la puissance que je comprends
également sous le nom de *grandeur* : ce que je
dis , au physique, de la beauté , au moral on
doit le dire de la vertu qui est la beauté de
l'ame. Lorsque Virgile dit, en parlant d'Eu-
ryale , que sa vertu paraissait plus belle sous
des formes si aimables ,

Gratior et pulchro veniens in corpore virtus ,

il a tracé , sans le vouloir , une règle de bon
goût. La vertu et la beauté sont sœurs , la
vérité est leur mère; et si Boileau disait ,

Rien n'est beau que le vrai , le vrai seul est aimable ;

nous pourrons dire avec autant de raison ,
Rien n'est bon que le vrai, le vrai seul est utile.
Ainsi la fausse grandeur, la fausse vertu , la
fausse beauté, seront toujours démasquées et ré-
prouvées par le bon goût. Célébrons des actions
vertueuses ; veillons à ne présenter que des
idées vraies, belles et grandes ; n'embellissons
jamais que la vérité , et nous suivrons la route
qui mène à la perfection.

Voilà, Messieurs, les principes qui peuvent nous aider à former ou éclairer notre opinion sur les ouvrages de l'esprit. Mais, après avoir exposé les principes généraux que nous devrons appliquer à la littérature Italienne, et avant d'entrer dans les détails, je crois bon de mettre sous vos yeux un tableau rapide de cette même littérature. C'est ainsi que le voyageur, avant de se mettre en chemin, embrasse d'un coup d'œil sur la carte les pays qu'il doit parcourir.

La langue Italienne, née avec le *Dante* qui lui imprima son génie à la fin du treizième siècle, s'élève à sa naissance, pleine de force et de vigueur; s'orne par la main de *Pétrarque* des graces les plus exquises, de la plus noble élégance, d'une mélodie céleste, d'une variété de tours éminemment poétiques; reçoit dans la prose de Boccaccio l'harmonie et la richesse, de l'historien Villani la dignité; sort victorieuse de la guerre que lui font, dans l'âge suivant, les érudits, les scholastiques, les intolérants adorateurs des langues anciennes; s'agrandit, s'embellit, au temps des Médicis, de toute sa pompe, sa magnificence et sa splendeur, par les grandes épopées de l'*Arioste* et du *Tasse* et par une foule de talens supérieurs dans tous les genres, tandis que, dans les mains de

Machiavel et de *Galilée*, elle devient l'instrument de la raison la plus sévère et de la véritable philosophie ; triomphe au dix-septième siècle du mauvais goût et du délire d'une imagination déréglée; et arrive toujours belle, et telle qu'un fleuve majestueux renversant les obstacles et s'enrichissant dans sa course, jusqu'à l'époque où *Métastase* et *Parini* ont pu encore ajouter à sa clarté, à sa douceur, à sa précision; où Vittorio *Alfieri*, par le pouvoir d'un beau talent et d'une volonté inébranlable, a su obtenir la seule palme qui restait à donner, sur le parnasse Italien, celle de la tragédie.

En conséquence, sans compter les écrivains qui précédèrent le Dante, qu'il fit oublier et que nous laisserons aux érudits, sans parler de l'état actuel des lettres en Italie qui formera le sujet d'un discours particulier, la littérature Italienne jouit de l'avantage de cinq siècles d'existence dont trois brillans de gloire, le 14ᵉ, le 16ᵉ et le 18ᵉ, que nous appelons *il trecento*, *il cinquecento*, *il settecento*.

Il trecento est rempli par les trois grands hommes, *Dante, Boccaccio, Petrarca.* Après eux, à une distance très-respectueuse, on voit se placer, pour la prose, les trois *Villani*, *il Pandolfini*, *il Fiorentino*, *il Sacchetti*; pour la poésie, *Cino da Pistoia* et les deux *Guido*, l'un éclipsé

14ᵉ siècle.

par l'autre et tous deux absorbés dans la lumière du Dante, ainsi qu'il l'avait prédit lui-même avec plus de raison que de modestie :

E così tolse l'uno all' altro Guido
La gloria della lingua, e forse è nato
Chi l'uno e l'altro caccerà di nido.

Dante. — *Dante* est l'Homère de la littérature moderne; il est à toutes les nations de l'Europe ce que *Corneille* est aux Français, *Shakespeare* aux Anglais. Pour son ouvrage, il est tout-à-fait hors de ligne. Il n'appartient à aucun genre et les embrasse tous : c'est le grand arbre ayant ses racines dans les enfers et sa tête dans les cieux. Au lecteur superficiel, sa machine poétique paraîtra bizarre; au penseur, admirable. Dans les détails, son style prenant toujours la forme du sujet, il sait atteindre à la sublimité d'Homère, à la perfection de Virgile, à la grace de Pétrarque. Chez tous les grands écrivains, les expressions, les mots doivent obéir aux pensées; chez Dante, ils sont créés par la pensée, ils en sortent comme d'une source immense. Dante a sur sa palette toutes les couleurs de la nature et de l'imagination; il peint tout à grands traits; tout ce qu'il imagine existe, est devant nos yeux, ne sort plus de notre mémoire. Quand il imite, il surpasse; quand

il est imité, il n'est pas égalé. Où il est beau,
rien n'en approche; et il est beau, clair, im-
posant, non-seulement dans les épisodes de
Francesca d'Arimino, et du *Conte Ugolino*,
que les étrangers citent et que les Italiens savent par cœur; mais dans tout le 13e chant,
dans la plus grande partie des 3e, 7e, 9e, 14e,
16e, 19e, 21e, 27e chants de l'Enfer, dans les
premiers chants et dans mille morceaux du
Purgatoire, dans une infinité de passages du
Paradis, presque partout enfin où il se con-
tente de n'être que poète. Mais il voulait faire
de son poëme une encyclopédie. C'était le
goût de son siècle. L'esprit encyclopédique est
toujours le goût dominant d'un siècle qui sort
de l'ignorance. Quand on commence d'aper-
cevoir l'anneau qui lie deux sciences, on croit
saisir la chaîne qui les unit toutes; moins on
est, plus on aime à paraître; moins on con-
naît les choses, plus on veut être universel: plus
une montagne est éloignée, plus elle semble
petite et facile à franchir. Aussi, dans l'histoire
de la littérature moderne, s'est-il écoulé plus
de cinq siècles entre la naissance de l'esprit encyclopédique et une bonne encyclopédie. Les
longues dissertations de Dante sur des sciences qui ne sont pas les plus claires, ainsi que
ses allusions fréquentes à l'histoire particulière

de son pays et aux différentes personnes qu'il veut louer ou blâmer, doivent le rendre obscur dans quelques endroits. Il faut avoir le courage d'ignorer ces détails ou de feuilleter un commentaire. Au reste, le dessein de l'ensemble, la disposition des tableaux, l'ordre des idées, la construction de la phrase sont d'une telle clarté que le sens même de quelques mots surannés se trouve déterminé par ce qui précède et ce qui suit.

Tout en me prosternant devant ce roi des poètes, j'oserai cependant examiner ses ouvrages avec les principes que je viens de vous soumettre et que je crois approuvés par la raison. Nous le verrons toujours très-grand peintre, mais plus d'une fois il a peint une nature qui ne méritait pas cet honneur ; par conséquent la vérité se trouve quelquefois chez lui sans la grandeur ni la beauté, ce qui ne saurait suffire pour satisfaire le bon goût.

Pétrarque.   *Pétrarque* était dominé par trois belles passions, l'amour de Laure, l'amour de l'Italie, l'amour de l'étude. L'amour de Laure le rendit le premier des poètes lyriques; l'amour de l'Italie lui inspira ses plus beaux sentimens, et lui dicta ses trois plus belles odes; l'amour de l'étude l'ayant poussé à rechercher avec une persévérance et un succès étonnans les anciens manuscrits, il contribua puissamment à la renaissance des lettres. C'est à la voix de Pétrarque, que la lumière de l'antiquité est sortie du chaos où la barbarie l'avait replongée ; c'est à la voix de Pétrarque, que répondirent du fond de leurs vieux monumens les auteurs immortels de la Grèce et de Rome , et qu'ils sont venus se joindre à lui pour rajeunir le monde. Pétrarque a donc mérité tous les trois genres de gloire dont parle Bacon : il s'est élevé parmi les autres hommes daus sa patrie; il a élevé sa patrie sur les autres nations ; il a agrandi le domaine de l'homme sur la nature par le progrès des lumières.

L'invention de son genre de poésie lyrique , qui n'a rien de commun avec celle des anciens, est due aux *Cours d'amour* qui se tenaient en Provence du temps de Pétrarque , et à une certaine mode d'affection platonique qui y régnait. Pour le plan de ses odes , et la sagesse de la composition , il est au moins l'égal d'Horace : pour l'invention du style , il rivalise avec Dante. « On trouve dans ces deux poètes , « dit Voltaire , un grand nombre de traits semblables à ces bons ouvrages des anciens qui « ont à la fois la force de l'antiquité et la fraîcheur du moderne. » Quant aux défauts de ces deux poètes , ils doivent être entièrement opposés. Dante, voulant tout peindre, devait rencontrer des objets indignes de ses pinceaux : Pétrarque, s'attachant à un seul objet, après avoir épuisé les formes qui sont dans la nature, pourra bien en vouloir chercher de nouvelles et faire abus d'esprit. Si le premier néglige quelquefois d'embellir la vérité, il peut arriver à l'autre de la surcharger d'ornemens et d'en cacher les traits sous des fleurs. Toutefois nous nous garderons bien de nous appesantir sur des taches rares et légères ; elles flattent trop l'orgueil de la médiocrité, qui se croit quelque chose en appelant les grands hommes à son tribunal. Voulons-nous savoir, en effet, par quels motifs Zoïle attaquait Homère, Geoffroy et consorts s'acharnaient sur la renommée de Voltaire, Bettinelli s'armait contre Dante et Pétrarque ? (Je ne veux parler ici que des motifs littéraires.) C'est que les défauts des grands hommes sont la consolation des petits. Nous reviendrons à Pétrarque, en parlant des autres poètes lyriques.

Bocace. *Boccaccio* est maître dans l'art de narrer en prose : il est le premier, par ordre de temps et de mérite, d'un grand nombre de conteurs agréables placés parmi les classiques. Les conteurs de toutes les nations ont trouvé chez lui des mines d'or. Les Italiens, de tous les temps, qui ont voulu apprendre à bien écrire en prose, ont dû remonter jusqu'à lui. Ses périodes, façonnées sur la langue latine, nous semblent actuellement un peu longues ; et exigent pour en suivre le fil toute l'attention du lecteur ; mais comment aurait-il sans cela cette harmonie délicieuse, variée et soutenue, qui, comme dans les poésies de Pétrarque, vous caresse l'oreille et vous insinue le plaisir, quelque éloigné que vous puissiez être par d'autres pensées de la pensée de l'auteur?

Bocace jouit d'une autre gloire : il tenta le premier dans sa Théséide l'épopée Italienne, et fut l'inventeur de la rime octave, perfectionnée par le Politien, consacrée au poème épique par les auteurs de la Jérusalem et du Roland. Ainsi Bocace, réuni à Dante et à Pétrarque pour illustrer le 14ᵉ siècle, s'attache également au 16ᵉ par des rapports poétiques avec le Tasse et l'Arioste.

L'âge qui sépare ces deux brillantes époques *Auteurs du* n'offre pas de grandes richesses. La fureur du *15ᵉ siècle.* grec et du latin opprimait la langue italienne et conspirait à sa perte. On l'appelait par dédain la langue vulgaire, et c'était se dégrader que de s'en servir dans les écrits. Il lui fallut toute la force et la beauté dont elle avait été douée à sa naissance, pour vaincre ces obstacles. Elle se glorifie cependant de quelques hommes d'un rare talent. Un des plus remarquables est *Leonardo da Vinci* qui improvisait en vers, écrivait bien en prose, et sut donner à l'Europe le précepte et l'exemple de la belle peinture. *Pulci* et *Bojardo* ont préparé les matériaux à l'Arioste en chantant les paladins ; Bojardo dans son *Orlando Innamorato*, pour les élever jusqu'au ciel ; Pulci dans son *Morgante*, pour les tourner en ridicule. Mais les auteurs qui brillent d'une lumière pure et qu'on peut regarder comme deux astres qui éclairent la fin du 15e siècle et annoncent l'aurore du 16e, ce sont *Jacopo Sannazzaro* et *Angelo Poliziano*. Sannazzaro créa, dans son *Arcadia*, l'églogue et la prose pastorales, et personne ne l'a surpassé. Deux vers de l'Arioste suffisent à son éloge :

Jacopo Sannazzar che alle Camene
Lasciar fa i monti ed abitar le arene (ch. 46).

L'*Orfeo* de Poliziano donna naissance à un genre inconnu aux anciens, la pastorale dramatique, qui fit la réputation de Guarini et augmenta celle du Tasse. Dans un cœur de Bacchantes, qui anime ce petit drame de l'*Orfeo*, on apperçoit les germes du dithyrambe. *Le elegan-*

tissime stanze placent Poliziano à côté des plus grands écrivains. Les peintures du royaume de l'Amour, qu'on trouve dans cet ouvrage, qui malheureusement n'est pas achevé, sont des tableaux de l'Albano.

Tous les autres écrivains n'étaient qu'un *servum pecus*. Les prosateurs ne savaient qu'imiter la longueur des périodes de Bocace ; les versificateurs changeaient en dureté la force de Dante, ou en vapeurs léthargiques la grace de Pétrarque. Delille fait allusion à ces beaux esprits, lorsqu'il dit dans son poëme de l'Imagination :

Un jour que de l'ennui les vapeurs léthargiques
S'exhalaient en amas d'écrits soporifiques ,
D'insipides sonnets, d'odes sans majesté,
De poëmes sans art , de chansons sans gaîté ,
Pour bannir les langueurs de la mélancolie ,
La déesse appela le Goût et la Folie,
Et leur dit d'enfanter un prodige nouveau.
L'Arioste naquit.

16e siècle.

C'est avec un tel nom que s'ouvre cet étonnant 16e siècle où l'Italie, reconquérant toute sa gloire, porta chez les autres nations le flambeau des sciences et des arts.

S'il n'était convenu de nommer les grandes époques littéraires du nom des souverains qui y régnaient , soit qu'ils aient réellement protégé les lettres , soit qu'ils n'aient fait que les seconder ou les tolérer, j'appellerais ce siècle celui de l'Arioste et du Tasse. L'un le commence, l'autre le finit: ils se tiennent aux deux limites, debout, la tête haute, *torreggiando*, tels que ces deux géants, ces deux frères d'une stature immense que Virgile peint au 9e. Livre de l'Énéide , ouvrant d'une main et défendant de l'autre les portes du camp des Troyens. Auprès de l'Arioste est Machiavel; auprès du Tasse, Galilée : *Machiavel* qui donna à la prose italienne toute la vigueur que Dante avait donnée à la poésie ; Machiavel, le Newton de la politique , qui écrit l'histoire en observateur de l'homme, et peint l'homme en historien , tel qu'il est, non tel qu'il doit être : *Galilée*, aussi bon écrivain que grand philosophe , qui élevait en Italie l'édifice des sciences au moment où Bacon le dessinait en Angleterre , prouvait par l'observation ce qu'on n'avait fait que soupçonner, peuplait le ciel de nouveaux astres et disait à la terre, *Marche avec eux* , et après avoir tracé les orbites des corps célestes, s'amusait à mesurer la hauteur réciproque de l'Arioste et du Tasse. Galilée est le premier qui ait écrit un parallèle raisonné de ces deux poëtes : il s'est montré bien sévère envers l'auteur de la Jérusalem ; mais il n'était pas plus

En marge : Arioste, Tasse, Machiavel, Galilée.

possible à Galilée d'obscurcir la gloire du Tasse, en écrivant contre lui , qu'il n'était possible aux inquisiteurs d'arrêter la marche de la terre, en emprisonnant Galilée.

Les qualités qui distinguent principalement le Tasse sont : la constante élévation du style; la vérité frappante des caractères , fortement dessinés, bien soutenus, invariables ; des épisodes nobles et touchans ; le mouvement continuel et très-vif des passions; et cela joint à un plan vaste et régulier, le plus beau, le plus intéressant que le génie ait jamais conçu.

Tasse.

Rien ne manque à l'Arioste. Comme écrivain, tantôt plaisant , tantôt sublime , en traitant tous les genres, il offre tous les trésors de la langue et de la poésie: comme génie créateur, il s'ouvre une nouvelle route et la parcourt toute entière. Tel que dans le palais enchanté de son Atlant , chacun trouve dans son poème tout ce qu'il desire : semblable à son hypogriffe , le poète s'élance dans les cieux, se dérobe au vulgaire, paraît s'égarer ; mais *Logistilla* lui donna le frein pour se conduire :

Arioste.

> Mais la raison , invisible témoin ,
> Toujours le suit et l'observe de loin.

L'ordre et la variété composent le monde physique ; le monde moral est un mélange parfait de raison et de folie : le poème de l'Arioste est, sous ce double rapport, le tableau de l'univers.

Parallèle de l'Arioste et du Tasse. On a fait bien des parallèles de l'Arioste avec le Tasse. Tiraboschi paraît balancer, puis n'ose prononcer, enfin il penche pour l'Arioste ; Métastase, après les mêmes hésitations, semble pencher pour le Tasse. Galilée, comme nous avons dit, donne la palme à l'auteur du Roland Furieux. Frugoni en parle en beaux vers ; il les appelle

Il divin Ludovico , il gran Torquato :

Il compare le Tasse à un palais majestueux , digne du plus grand roi, tout en marbre, de la plus parfaite architecture, riche au-dedans et au-dehors de colonnes, de statues, des plus beaux ornemens : il compare l'Arioste à une grande et belle ville où le contraste apparent des théâtres et des églises, des palais somptueux, des maisons modestes , des rues , des places, des jardins, forme un tout admirable.

En général ces parallèles de Virgile et d'Homère, de Démosthène et de Cicéron, de Corneille et de Racine, de Fénélon et de Bossuet, de l'Arioste et du Tasse , n'amènent aucune découverte ; mais quand l'orgueil pédantesque, le préjugé d'école, ou l'esprit de coterie, ne s'en

mêlent point, ils sont toujours bons et utiles,
parce qu'ils font méditer sur de bons auteurs
et remplissent la mémoire de belles choses.
D'ailleurs si les hommes, pour échapper à
l'ennui, ont absolument besoin de se disputer,
les querelles littéraires des Ariostistes et des
Tassistes, des Cornéliens et des Raciniens, et
même celles des Jobistes et des Uranistes, va-
lent toujours mieux que les disputes des Guel-
phes et des Gibelins, des Blancs et des Noirs,
des Molinistes et des Jansénistes. Je dirai donc
mon avis sans prétention et sans détour. Le
style du Tasse est toujours noble ; il ne quitte
pas un instant la trompette héroïque : l'Arioste
dans ses vers sait, d'une voix légère, passer du
grave au doux, du plaisant au sévère. Pour
l'art de narrer, pour l'art de peindre, je pré-
fère l'Arioste ; pour l'art d'intéresser, pour
cette chaleur pathétique qui se communique au
lecteur et dont l'ame de Virgile était remplie ;
le Tasse emporte le prix. Pour l'ordonnance
du poème, celle du Tasse est irréprochable,
celle de l'Arioste me semble plus étonnante.
On pourrait comparer celle du Tasse à un de ces
instrumens d'horlogerie d'un mécanisme très-
simple et d'une exactitude parfaite qui, placés dans les observatoires, dirigent les tra-
vaux des astronomes. Celle de l'Arioste serait

alors comparable à un de ces admirables pro-
duits de la mécanique que la complication de
leur mouvement et le, luxe de leur exécution
réservent pour le palais des rois. Tout s'y
trouve : tandis que l'œil étonné y contemple
à-la-fois les divisions du temps , les mouve-
mens de la terre et les phases des planètes ,
l'oreille y est encore agréablement surprise
par des accords harmonieux.

Parallèle de
Machiavel
avec Galilée.

Quant aux deux grands philosophes , également les colonnes de ce beau siècle, également émules entre eux et fort supérieurs à
tous les autres, *Machiavel* et *Galilée*, il fau-
drait un Plutarque pour en faire le parallèle.
L'un s'empare du monde moral , l'autre du
monde physique. Lorsque dans des lectures
particulières nous aurons lieu de prouver ce
qu'on ne peut qu'avancer dans un discours
général , nous devrons reconnaître dans Machiavel , l'observateur courageux et le vrai peintre de l'homme ; dans Galilée , nous verrons
l'observateur infatigable et le confident de la
nature. L'un descendit dans nos cœurs et en
révéla les secrets ; l'autre s'éleva dans les cieux
et en découvrit les merveilles. Le physicien
éclairé qui remplace l'autorité et l'hypothèse
par la raison et l'expérience, doit se rappeler
Galilée ; l'historien politique qui détrône la

fortune pour confier à la sagesse la destinée
des états, doit se souvenir de Machiavel. Si
jamais on parvient à faire de l'histoire une
vraie science, à saisir toute la chaîne des révolutions des empires, à dissiper entièrement
avec la lumière du passé les ténèbres de l'a-
venir, c'est sur-tout à Machiavel qu'on en sera
redevable ; comme l'astronome rend grace à
Galilée, lorsqu'il règle en tout sens la marche
des vaisseaux sur les mers, et qu'il soumet à
ses lois les révolutions des corps célestes.

A côté de ces colosses tout semble petit, et
ici les écrivains se présentent en grand nombre, on ne doit nommer que les *têtes*, comme
dit Montaigne. *Trissino*, qui le premier parmi
les modernes donna l'exemple d'une tragédie
et d'un poème épique réguliers, mérite d'être
cité avec distinction et reconnaissance ; mais
on aime mieux le louer que le lire. Son poème,
l'Italia liberata da' Goti, froidement calqué
sur l'Iliade d'Homère, à l'air d'une grave pa-
rodie : au lieu de Jupiter, le père éternel; au
lieu de Pallas, la Providence ; les anges rem-
placent les dieux inférieurs ; tout est ainsi mé-
tamorphosé jusqu'aux moindres détails. Il a
l'allure d'un homme qui, marchant dans la
neige au bord d'un précipice, n'ose mettre les
pieds que sur les traces du voyageur qui le

Autres au-
teurs du 16ᵉ
siècle.

précède. On sait que Trissino, voyant que son ouvrage avait été reçu avec froideur et celui de l'Arioste avec enthousiasme, s'écria :

> Sia maledetto il giorno e l'ora, quando
> Presi la penna e non cantai d'Orlando.

Quel plus beau sujet cependant pour un poète italien, parlant à des Italiens, que la délivrance de l'Italie ?

C'est le talent qui manque et non pas les sujets.

Bernardo Tasso, auteur de deux grands poèmes, l'*Amadigi* et il *Floridante*, ainsi que des poésies diverses pour lesquelles il est placé au rang des classiques, aurait joui dans un autre siècle et avec un autre nom d'une réputation distinguée ; mais la lumière de Torquato fait pâlir celle de son père, comme en France la gloire du grand Racine laisse à peine entrevoir le mérite de son fils.

Berni et *Anguillara* demandent aussi des louanges, l'un pour avoir changé en un livre classique l'*Orlando Innamorato*, écrit d'abord par Bojardo d'un style dur et barbare ; l'autre pour avoir enrichi le parnasse Italien des brillantes images de l'auteur des Métamorphoses ; mais comment les louer après l'Arioste ? Les deux poèmes de ce siècle, qu'on peut relire avec plaisir et profit, même après le Tasse et l'Arioste, sont la *Coltivazione* de *Luigi Alamanni*, et la traduction de l'Énéide par *Annibal Caro*.

En passant aux prosateurs, ce même *Annibal Caro*, *Bembo*, *Casa*, *Castiglione*, sont des écrivains purs, corrects et harmonieux ; *Segni*, *Varchi*, *Costanzo*, et sur-tout *Guicciardini* sont de bons historiens ; mais comment les comparer à Machiavel, le vrai modèle des prosateurs de son pays qui ne veulent point sacrifier aux mots les idées, le maître des historiens de toutes les nations qui ont voulu remonter aux causes des événemens qu'ils racontent ? Oui, Montesquieu, Voltaire, Gordon, Hume, Robertson, et tous ceux qui ont écrit en philosophes sur l'histoire, lui doivent un tribut de reconnaissance. Quel homme que ce Machiavel ! Il se fait historien, et il enseigne par l'exemple la manière d'écrire l'histoire ; il traite de l'art de la guerre, et il propose une milice nationale, telle qu'on la vit de nos jours organisée en France ; il écrit des comédies, à la naissance de l'art, lorsque ces sortes d'ouvrages occupaient les loisirs des cardinaux et des évêques, et l'on peut reconnaître dans le *frate Timoteo* de sa Mandragore le type du Tartuffe de Molière ; il fait des observations sur une

Ouvrages
de Machiavel.

seule Décade de Tite-Live, et il nous présente la véritable idée de la politique ancienne ; il compose son livre du Prince, et il étale à nos yeux dans toute sa noirceur la politique de son temps.

Éloge du 16ᵉ siècle.

Quel siècle que ce *cinquecento*! plein d'hommes, de choses, de révolutions mémorables. Illustres écrivains qui cherchez des sujets, en voilà un bien digne d'exercer vos talens : à l'exemple du voyage d'Anacharsis en Grèce, faites voyager un étranger en Italie dans ce siècle-modèle qui honore le nom de Léon X. Cet étranger, ami des arts, jouira de voir s'élever la basilique de S.-Pierre, comme le signal de leur renaissance ; il verra avec plaisir les cours de Rome, de Florence, de Ferrare, et tous les seigneurs Italiens, rivalisant de grandeur et d'amour pour les lettres ; il pourra s'entretenir de peinture avec les Raphaëls, les Titiens, les Corrèges ; d'architecture avec les Bramante, les Palladio, les Sansovino; de poésie avec les favoris des muses; de tous les arts ensemble, avec ce Michel-Ange qui les a tous illustrés, bon poète, excellent architecte, grand peintre, sculpteur sans égal, et qui est appelé divin par le divin Arioste :

.... e quel che a par sculpe e colora
Michel, più che mortale, Angel divino. (ch. 46.)

Cet étranger, ami des hommes, voyageant
à l'époque où tous les arts d'agrément étaient
parvenus au plus haut degré de perfection,
remarquera que l'art de gouverner était encore
dans l'enfance, et que cet art nécessaire ne
marche point vers la perfection, tant que ceux
qui l'exercent croient pouvoir mettre la force
à la place de la justice, ou la ruse à la place
de la vérité ; car, comme nous avons dit que
les beaux-arts, destinés au plaisir des hommes,
sont soumis à deux lois suprêmes, *vérité* et
beauté, j'oserai dire avec la même assurance
que l'art de gouverner, dont le but est l'utilité
des hommes, doit aussi reconnaître deux lois
suprêmes, *vérité* et *justice*. D'ailleurs, chez
les peuples comme chez les individus, l'imagination précède la raison ; le triomphe des
beaux-arts indique la jeunesse d'une nation
vigoureuse; les beaux-arts sont les fleurs de
l'esprit humain, le printemps des nations.

Cette vive lumière bientôt se répandit en
Europe. L'Italie antique avait gouverné le
monde; la moderne devait l'instruire. La France,
qui ne tarde jamais à répondre à l'appel de
la gloire, de quelque côté qu'elle vienne et

sous quelque forme qu'elle se présente, re-
chercha les littérateurs et les artistes Italiens.
L'accueil dont l'ancienne Rome avait honoré
les savans de la Grèce, les professeurs Italiens
le recevaient à Paris. Louis XII couronna de
sa main un poète alors renommé, maintenant
oublié, *Andrea Bojardo*, auteur du *Filogine*,
et de la *Tromba d'Orlando*. François 1er ad-
mit à sa cour et combla d'honneurs *Luigi
Alamanni* auteur du meilleur de nos poèmes
didactiques *la Coltivazione*, qu'il dédia à son
auguste protecteur. C'est le nom de ce roi qui
doit sur-tout être cher aux amis des lettres.
C'est lui qui prépara le siècle d'or de la France.
L'arbre de la littérature moderne , qui avait
pris racine en Toscane, qui avait étendu ses
rameaux dans toute l'Italie, a été transplanté
en France par François 1er ; d'autres rois
l'ont cultivé, et Louis XIV en a cueilli les
fruits.

17e siècle.   Le siècle d'or de la France a été pour l'Italie
un siècle de fer. Au moment où Racine réu-
nissait à la simplicité grecque la richesse,
l'élégance et l'harmonie de Virgile; au moment
où Molière, le plus grand des poètes philosophes, bannissait les abus de l'imagination et de
l'esprit:

Ce n'est que jeux de mots, qu'affectation pure ;
Et ce n'est pas ainsi que parle la nature ;

au moment où Boileau , qui donnait les lois
et les modèles de la perfection en poésie, ne
cessait de répéter,

Rien n'est beau que le vrai , le vrai seul est aimable.
. . . .
Rien n'est beau , je reviens , que par la vérité.

l'Italie était déchue de sa gloire. L'imagination
s'était révoltée contre la raison. L'enflure du
style , l'abus des figures , les jeux de mots ,
les hyperboles gigantesques , les métaphores
à longue queue , les plus extravagantes allé-
gories entrèrent comme un torrent dans cette
terre classique. On coupait le soleil par morceaux pour éclairer les monarques ; on faisait
pleurer l'aurore pour leur offrir le nectar ; pour
leur présenter l'ambroisie, on pulvérisait les étoi-
les. Fallait-il célébrer la naissance d'un prince ?
le poète coupait le bois de la roue de la Fortune,
pour faire le berceau de l'enfant. Le chevalier
Marini , qui serait devenu l'Ovide italien s'il
n'avait pas abusé des dons de la nature, se
déclara le chef de cette révolution contre le
bon goût ; ses zélés partisans, comme il arrive
en toutes choses quand il s'agit de mal faire,
sont allés plus loin que leur maître. Toute

métaphore , toute figure est une faveur que
la raison accorde au plaisir de l'imagination ,
comme nous donnons des images aux enfants
pour prix de leur obéissance ; mais l'imagination, à son tour, doit être souple à la raison,
et mettre sa gloire et ses soins à en faire
l'ornement :

> Aimez donc la raison ; que toujours vos écrits
> Empruntent d'elle seule et leur lustre et leur prix.

disait Boileau. Les *Secentisti* s'écartèrent entièrement de cette règle. Boileau indigné lança
contre l'Italie son fameux anathême, injuste-
ment s'il prétendait frapper toute la littérature italienne , très-justement s'il ne voulait
parler que du siècle où il vivait.

Toutefois nous devons à ce siècle les deux
bons historiens *Davila* et *Bentivoglio;* les beaux
écrits sur différents sujets de *Redi*, *Magalotti,*
Dati, *Bellini;* les deux histoires remarquables du Concile de Trente , écrites dans un
esprit contradictoire par *Paolo Sarpi* et *Sforza*
Pallavicino, ainsi que les trois poèmes héroï-
comiques qu'on vient de réunir à Milan à la
collection des classiques : *la Secchia rapita* de
Tassoni; lo Scherno degli Dei de *Bracciolini;*
il Malmantile de *Lippi*. Nous devons même à
ce siècle nos lyriques les plus distingués , et

le premier de tous dans son genre, le Pindare
italien, *Gabriello Chiabrera*. On n'avait fait
jusqu'à lui, trois siècles entiers, que se traîner
en tremblant sur les pas de Pétrarque. Pétrarque était en Italie pour la poésie lyrique, ce
qu'Aristote fut long-temps en Europe pour
la philosophie. Chiabrera osa briser la chaîne
honteuse d'une imitation servile, et il étudia
les Grecs pour ne point s'écarter de la route
de la vérité. *Zappi* l'égale pour la délicatesse,
Filicaja pour l'élévation des idées, *Guidi* pour
l'éclat et la magnificence ; mais il réunit à
toutes ces qualités la gloire d'avoir été leur
maître, et le père, en Italie, de l'ode pinda-
rique. C'est le premier, dit Frugoni, son imi-
tateur, qui a su monter la lyre italienne au
ton de Pindare et d'Horace :

> Il Savonese mio che primier seppe
> Pien d'imagini vive e caldo d'estro
> Armar di Greche e di Latine corde
> L'Itala cetra.

A l'exemple de Chiabrera, qui avait secoué
le joug de Pétrarque, *Parini*, au siècle suivant, ne voulut suivre les traces ni de l'un ni
de l'autre, et créa l'ode morale et philosophique.
Tout ce que Parini a écrit montre un talent

Lyriques.
Chiabrera.

supérieur ; ses odes, *la Musica*, *il Bisogno*, *a Silvia*, et quelques autres, le placent au premier rang, et font voir qu'il est le créateur d'une nouvelle école. Comparons, en passant, les chefs de nos trois écoles de poésie lyrique. La grace, soutenue d'une diction toujours pure et de l'expression la plus noble et la plus harmonieuse, préside aux chants de Pétrarque : l'enthousiasme et l'imagination dictent les poésies de Chiabrera : La vertu, la sagesse et la plus sévère philosophie forcent Parini à mettre en vers ce qu'il pense. Le célèbre Gravina disait de Pindare : «Il pousse son vaisseau dans la mer; « il déploie toutes les voiles ; il affronte la « tempête et les écueils ; les flots se soulèvent « et sont prêts à l'engloutir; déja il a disparu « à la vue du spectateur, lorsque tout-à-coup « il s'élance au milieu des eaux et arrive heu- « reusement au rivage. » Si on appliquait cette comparaison à Chiabrera, on pourrait dire de Parini : il fend les ondes en maître, comme le char de Neptune; immobile au gouvernail, ne déployant que les voiles nécessaires, il marche droit au but ; il ne cherche pas, mais brave les ennemis et les tempêtes. Le vaisseau de Pétrarque serait pareil au navire élégant et léger qui conduisait Cléopâtre au-devant de César ; les nymphes en se jouant sur l'onde,

Parallèle de Chiabrera avec Pétrarque et Parini.

les amours en voltigeant dans les airs, l'entourent et le couvrent de fleurs.

En parlant des poëtes lyriques nous avons imité leur marche irrégulière : nous avons remonté les siècles jusqu'à Pétrarque, et nous sommes entrés avec Parini au dix-huitième, *al settecento*, où nous voulions arriver.

Les deux auteurs qui ont le plus illustré *il settecento*, sont *Metastase* et *Alfieri* : l'un commence le siècle, l'autre le finit ; l'un est remarquable par la grace, l'autre par la force ; l'un est le premier de toutes les nations pour le drame en musique ; dans l'autre, l'Italie a enfin trouvé son Corneille :

L'Italo padre della tragic' arte.

Metastase, instruit par Gravina à l'école des Grecs, c'est-à-dire à l'école de la perfection, a su bientôt se garantir du charme que lui causait, dans la première jeunesse, la lecture de Marini. Il sut se maintenir et s'avancer dans la bonne route par une étude approfondie des auteurs qui honorent la scène française, et notamment de Racine, qu'il se proposait pour modèle, et dont il est l'émule dans l'art de flatter l'oreille et de parler au cœur. Toutes ses nombreuses compositions sont sagement ordonnées et remplies de détails aussi agréa-

3

bles que convenablement placés .Comme écrivain, à la clarté et à la précision, qui le caractérisent, il a su réunir l'harmonie, l'élégance, et ce genre de mollesse qui relève le sublime.

Alfieri.

Alfieri est un des plus grands prodiges que l'histoire littéraire puisse présenter : à vingt-sept ans il ignorait la grammaire et jusqu'à la mesure des vers ; à trente-quatre ans il avait donné à sa patrie une langue et un théâtre tragiques ; il avait composé 14 tragédies. Il a sans doute fallu un beau talent, une volonté de fer, une ame ardente, élevée, bravant tous les obstacles, méprisant les critiques du moment et n'ayant devant les yeux que la postérité, enfin un concours extraordinaire de circonstances pour enfanter ce prodige ; mais il siérait mal de dissimuler que l'Italie est redevable de ce grand tragique à la France. Il dit lui-même qu'il voyageait en France, dans sa jeunesse, principalement pour y jouir du théâtre ; qu'il voyait sur-tout avec plaisir Phèdre, Alzire, Mahomet, et quelques autres tragédies ; que quelquefois, il est vrai, il se sentait refroidir par les personnages subalternes qui ralentissent et même interrompent l'action ; que cependant il ne cessait d'aller au théâtre à cause de l'excellence des acteurs et des choses qu'ils disaient : *Essendo*

i loro attori eccellenti rispetto ai nostri iniquis-
simi ; essendo le cose da essi recitate per lo
più ottime quanto all' affetto, alla condotta,
ai pensieri. Ainsi, dans cette tête large, mais
vide, se plaçaient aisément les images fidèles
des plus sublimes conceptions de l'esprit humain ; ainsi, dans cette terre inculte, mais
vierge, entrait la semence saine et pure qui
devait produire des fruits immortels : Ainsi,
les défauts même qu'il croyait reconnaître dans
le théâtre français, ont dû contribuer par la
suite à la création hardie de son système
théâtral.

Renfermons en peu de mots le système
théâtral du laconique Alfieri : simplicité d'action ; point d'épisodes ; très-peu d'acteurs ;
point de confidents ; rien que le nécessaire ;
obéissance à la règle des trois unités, dont les
personnes qui ne savent pas la suivre diront
toujours qu'il est permis de s'écarter. Avec ce
système inaltérable, il composa presque toutes
ses pièces avant d'en soumettre aucune à
l'épreuve de la scène et au jugement du public.
L'épreuve de la scène, en effet, très-utile à
Paris où le théâtre français, entretenant par
un répertoire de chefs-d'œuvre le feu sacré du
goût, forme tour-à-tour les auteurs, les acteurs
et les juges, était au moins indifférente en

Italie qui manquait d'un théâtre régulier. Oui,
la patrie des beaux-arts, l'héritière de la Grèce,
l'Italie , riche en belles salles de spectacle,
n'avait pas un théâtre : elle accordait tout au
plaisir des yeux et des oreilles, rien aux illu-
sions de l'esprit; elle laissait languir les enfants
de Melpomène et de Thalie , en prodiguant
l'or et les honneurs aux syrènes vagabondes
et à ces êtres dégradés dont la voix prouve les
sacrifices qu'ils ont faits à la mollesse barbare
de leur patrie. Alfieri a donné un théâtre tragique à l'Italie, presque malgré elle, sans es-
pérer applaudissement ni profit. C'est une cir-
constance qui doit beaucoup ajouter à la gloire
du poëte et à la reconnaissance de la postérité.

Autres au-
teurs du
18e siècle.

Goldoni, le premier de nos comiques, a dû
également à la France et au séjour de Paris
ses pièces les plus belles, ainsi que l'existence
honorable dont il commença de jouir vers la
fin de sa carrière.

Comme Métastase, son digne prédécesseur
Apostolo Zeno avait aussi imité les auteurs
français.

Casti, l'élégant auteur des *Novelle*, le spiri-
tuel auteur des *Animaux parlants* , est tout
rempli des classiques et des hommes d'esprit
dont la France s'honore.

En prose , les écrivains les plus renommés ,

Beccaria, *Filangeri*, *Cesarotti*, *Algarotti*, et autres, sont évidemment formés à l'école française.

Conclu-
sion.

Ainsi les Français, instruits par l'Italie, sont devenus nos maîtres à leur tour. Dans l'art théâtral sur-tout, la France, qui nous avait laissés bien loin derrière elle, gourmanda notre paresse par ses succès éclatants, nous montra le terme de la carrière, et nous tendit la main pour y parvenir. La dette de la reconnaissance est payée. Qu'une noble émulation remplace les préventions et la partialité. Que les Italiens, trop jaloux de la pureté de la langue, cessent de proscrire les livres français sous le prétexte d'éviter les gallicismes ; c'est renoncer aux idées pour les mots, c'est prétendre que les langues doivent rester immobiles. Que les Français cessent enfin de parler de nos *faux brillants*: c'est attribuer à tous les auteurs Italiens ce qui n'appartient qu'aux *secentisti* ; c'est reprocher à cinq siècles les fautes d'un seul. Les deux littératures Italienne et Française sont peut-être les seules qui puissent soutenir le parallèle avec les anciens et résister à la pierre de touche des règles du bon goût. Aussi, en appliquant les principes que j'ai eu l'honneur de vous exposer, à la littérature Italienne, prendrai-je quelquefois la liberté

de faire des excursions sur les terres françaises.
Vous le pardonnerez, messieurs, à mes bonnes
intentions. Au lieu d'élever des disputes entre
nous qui respectons les mêmes lois, unissons-
nous contre les ennemis des bons principes,
contre ces novateurs en littérature qui vou-
draient détrôner Horace et Boileau, et arra-
cher Apollon lui-même de son char étincelant.
Pour moi, messieurs, s'il prenait fantaisie à
Apollon de m'accorder une grace à mon choix,
je lui demanderais de créer, sur le sommet des
Alpes, ce printemps éternel que les poëtes ont
rêvé; d'y fixer le séjour des Muses, d'y élever
un temple du goût, où l'Italie et la France,
regardant à leurs pieds les basses jalousies et
les évènements politiques, comme ces nuages
que peu d'heures forment et dissipent, vien-
draient jurer et confirmer tous les ans l'alliance
perpétuelle du génie et le commerce des
lumières (1).

_____

(1) Peu de jours avant de prononcer ce discours à
Paris, j'avais exprimé à Venise les mêmes sentiments pour
mon pays natal et pour ma patrie adoptive, par l'ode
suivante.

RIVEDENDO

IL PATRIO BENACO

CANZONE.

Qual vivace e serena
Aura sento spirar che mi ricrea ,
E ogni nobil desio nell' alma avviva!
Pur ti riveggo , amena
Sponda ov' io nacqui , e i primi anni godea
Febo adorando e la cecropia Diva.
D'alti pensier di glória il cor nutriva ;
E fra gli aonii cori
Di Pindo in su la cima,
Cui chi lunge n'è più facil più stima ,
Mi cingea speme audace eterni allori.
Ahi, quanto resta ancor d'ardua salita !
E il mezzo già varcai di nostra vita.

Culte montagne e vivi
Fonti che per sentier mille l'eccelso
Baldo selvoso al gran Benaco manda;
Fronzuti e grandi ulivi
Che co' cedri, gli aranci e 'l biondo gelso
Fate al Lago bellissimo ghirlanda;
Aer puro ove par che 'l cor si spanda;
Famose acque, che or l'ira
Dell' Oceano avete,
Or si tranquille e limpide giacete
Che con vaghezza il ciel vi si rimira,
E specchiandosi in voi sembran più belle
Le bellezze del Sole e delle Stelle:

Salve! mi scote il seno
Di MALSESINE mia l'aspetto, e l'opre
Liete ricordo di mia nuova etate.
Quanto è caro il terreno
Che pria ci resse e ci nodrì, che copre
De' dolci genitor l'ossa onorate!
Quanta invidia vi porto, alme bennate,
Cui vien concesso in sorte
Di sollevar l'ancella
Patria o di farla gloriosa e bella!
Ma orrendi più che le tartaree porte,
Odio del Cielo, iniqui mostri e rei
Son gli empi che la man volgono in lei.

Se a me non diede il fato
Oro o nascita illustre, ingegno o stile
Tal che Italia per me cresca o s'adorni,
Mi terrei fortunato
Lasciando util memoria al borgo umile
Ove nacqui e desio chiudere i giorni.
Fortuna or vuol che a Senna in riva io torni,
Ove la gran Cittate
Cara al Dio d'Elicona
Ripon de' gigli l'immortal corona,
E le belle ravviva arti beate :
Ma nulla mi torrà del patrio zelo
Volger di casi, nè cangiar di cielo.

FIN.

www.ingramcontent.com/pod-product-compliance
Lightning Source LLC
Chambersburg PA
CBHW060749280326
41934CB00010B/2412